Impressum
Verlag: BABADADA GmbH, Nedderfeld 112 , 22529 Hamburg
Geschäftsführer / Verlagsleitung: Harald Hof
Druck: Books on Demand GmbH, In de Tarpen 42, 22848 Norderstedt

Imprint
Publisher: BABADADA GmbH, Nedderfeld 112 , 22529 Hamburg, Germany
Managing Director / Publishing direction: Harald Hof
Print: Books on Demand GmbH, In de Tarpen 42, 22848 Norderstedt

學校

sekolah

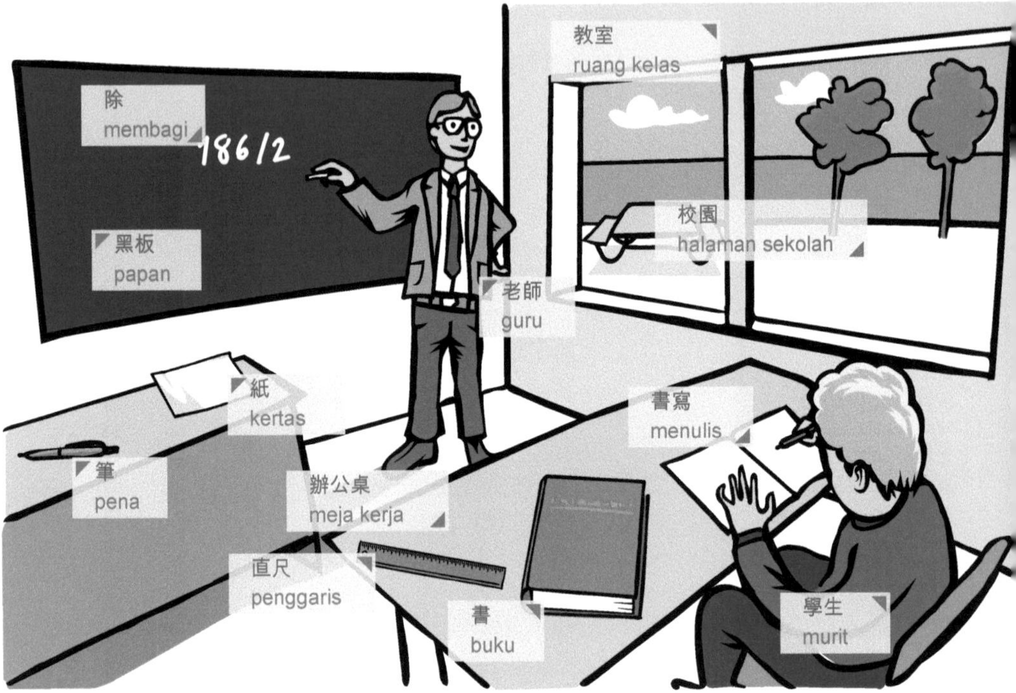
教室
ruang kelas
除
membagi
186/2
黑板
papan
校園
halaman sekolah
老師
guru
紙
kertas
書寫
menulis
筆
pena
辦公桌
meja kerja
直尺
penggaris
書
buku
學生
murit

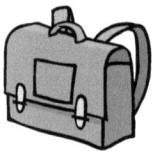

書包

tas sekolah

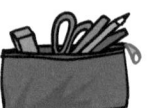

鉛筆盒

tempat pensil

鉛筆

pensil

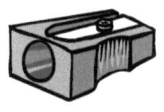

削鉛筆機

pengasah pensil

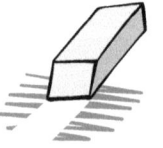

橡皮擦

penghapus

畫板

kertas gambar

圖畫
gambar

畫筆
kuas

顏料盒
kotak cat

剪刀
gunting

膠水
lem

練習冊
buku latihan

家庭作業
pekerjaan rumah

數字
angka

加
tambhakan

減
mengurangi

乘
mengalikan

計算
menghitung

字母
huruf

字母表
alfabet

字
kata

學校 - sekolah

課文

teks

讀

membaca

粉筆

kapur

上課

pelajaran

登記

daftar

考試

ujian

證書

sertifikat

校服

seragam sekolah

教育

pendidikan

百科全書

ensiklopedi

大學

universitas

顯微鏡

mikroskop

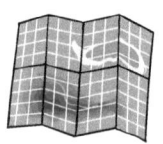

地圖

peta

廢紙簍

tempat sampah

旅行
perjalanan

Grand
飯店
hotel
青年旅社
hostel
ROOMS
CHANGE
外幣兌換處
kantor pertukaran mata uang
手提箱
koper
汽車
mobil

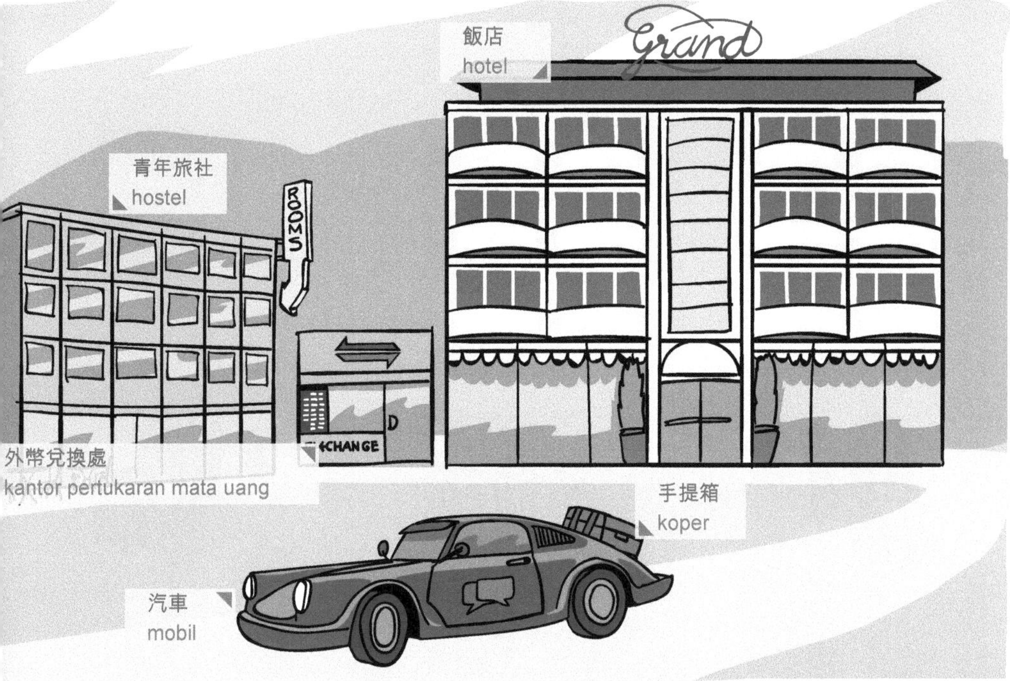

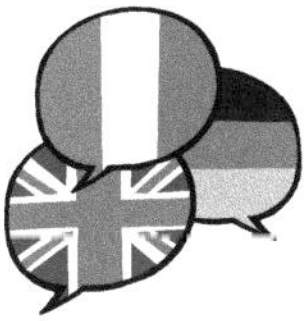

語言

bahasa

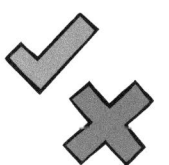

是/否

ya / tidak

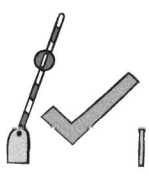

好的

okay

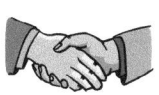

您好

hallo

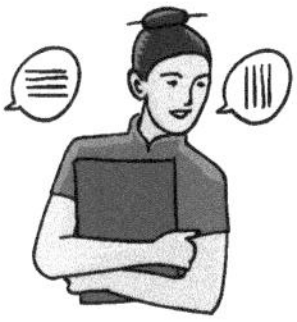

翻譯人員

penerjemah

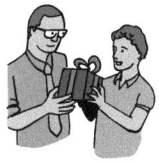

謝謝

terima kasih

……多少錢？

Berapa harganya…?

我不明白

saya tidak mengerti

問題

masalah

晚上好！

Selamat malam!

早上好！

Selamat siang!

晚安！

Selamat tidur!

再見

sampai jumpa

方向

arah

行李

bagasi

包

tas

背包

ransel

客人

tamu

房間

ruang

睡袋

kantong tidur

帳篷

tenda

旅行資訊

informasi wisata

海灘

pantai

信用卡

kartu kredit

早餐

sarapan

午餐

makan siang

晚餐

makan malam

票

tiket

電梯

elevator

郵票

perangko

邊界

perbatasan

海關

cukai

大使館

kedutaan

簽證

visa

護照

paspor

交通運送

transportasi

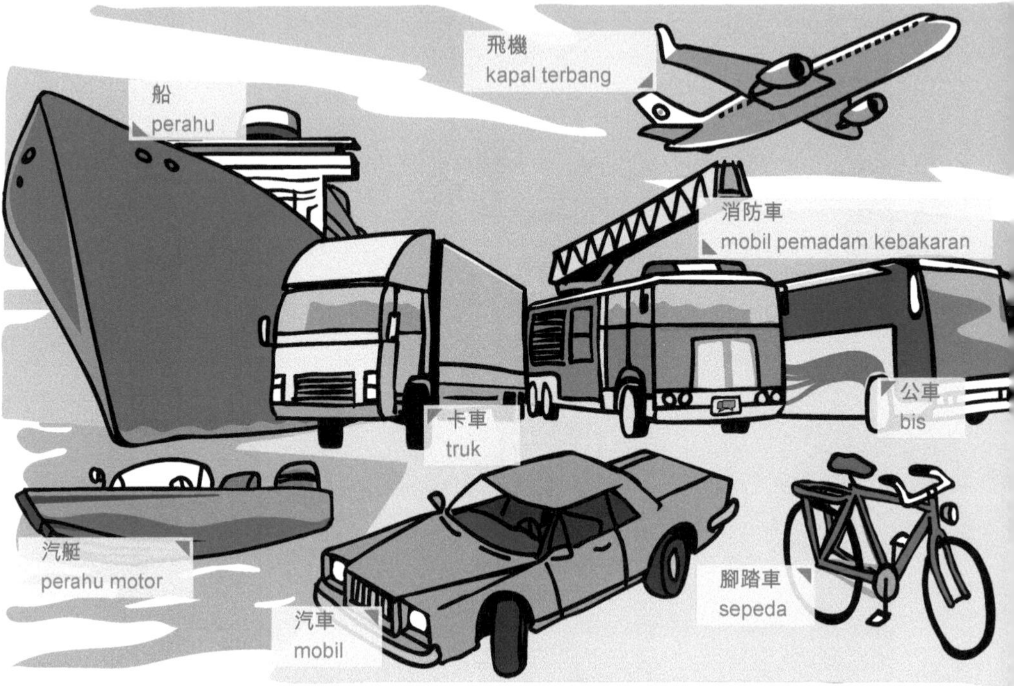

飛機
kapal terbang
船
perahu
消防車
mobil pemadam kebakaran
公車
bis
卡車
truk
汽艇
perahu motor
腳踏車
sepeda
汽車
mobil

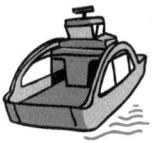

渡輪
feri

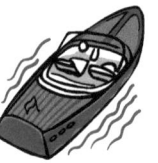

小船
perahu

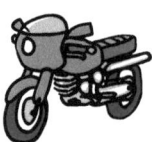

機車
sepeda motor

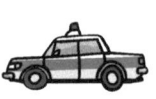

警車
mobil polisi

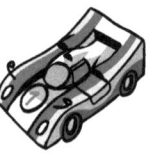

賽車
mobil balapan

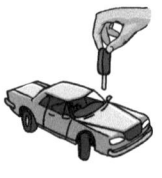

租車
mobil sewa

拼車

berbagi mobil

拖車

truk derek

垃圾車

truk sampah

馬達

motor

汽油

bahan bakar

加油站

bensin

交通標識

tanda lalulintas

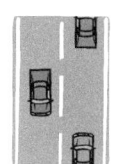

交通

lalulintas

交通堵塞

macet

停車場

parkir mobil

火車站

stasiun kereta

軌道

trek

火車

kereta api

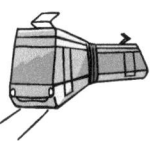

路面電車

tram

客車廂

gerobak

直升機

helikopter

機場

bendara

塔

menara

乘客

penumpang

集裝箱

container

紙板箱

karton

手推車

troli

籃子

keranjang

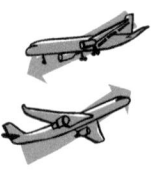

起飛/降落

berangkat / mendarat

城市

kota

村莊

desa

市中心

pusat kota

房子

rumah

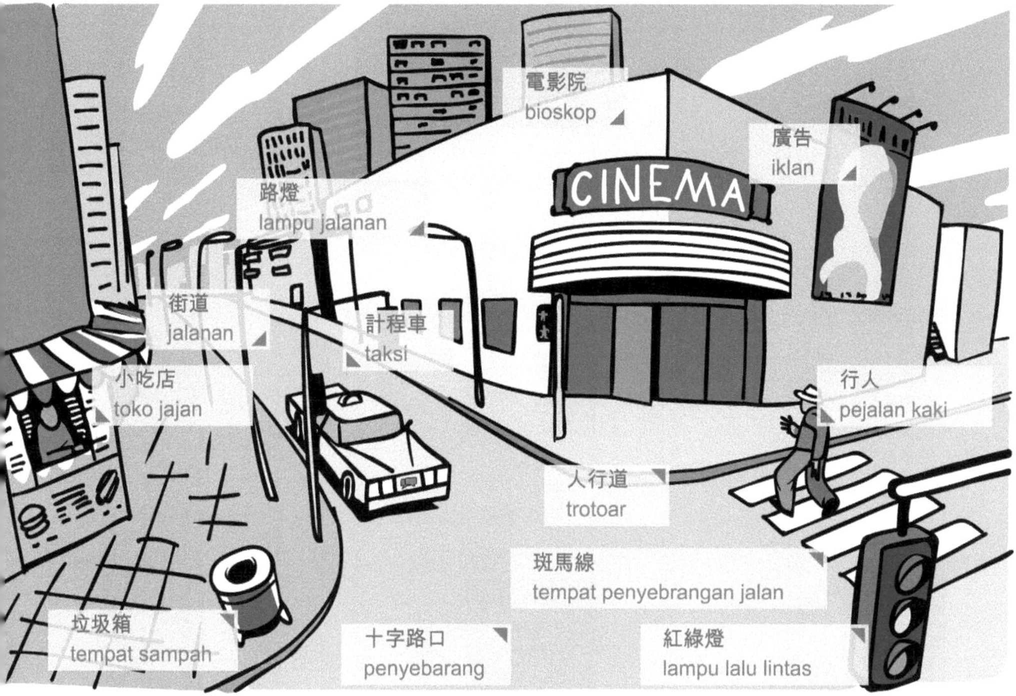

CINEMA
電影院
bioskop
廣告
iklan
路燈
lampu jalanan
街道
jalanan
計程車
taksi
小吃店
toko jajan
行人
pejalan kaki
人行道
trotoar
斑馬線
tempat penyebrangan jalan
垃圾箱
tempat sampah
十字路口
penyebarang
紅綠燈
lampu lalu lintas

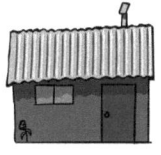

小屋

gubuk

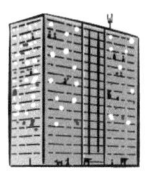

公寓

rumah flat

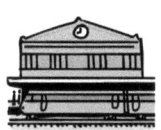

火車站

stasiun kereta

市政廳

balai kota

MUSEUM

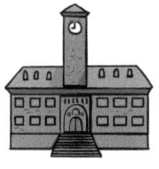

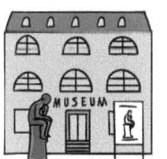

博物館

museum

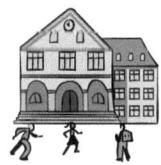

學校

sekolah

大學

universitas

銀行

bank

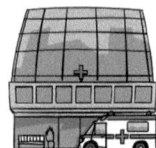

醫院

rumah sakit

飯店

hotel

藥房

farmasi

辦公室

kantor

書店

toko buku

商店

toko

花店

toko bunga

超市

supermarket

市場

pasar

百貨商店

toko serba ada

魚店

nelayan

購物中心

pusat belanja

海港

pelabuhan

公園

taman

長凳

banku

橋

jembatan

樓梯

tangga

捷運

kereta bawah tanah

隧道

terowongan

公車站

pemberhantian bis

酒吧

bar

餐館

restauran

郵筒

kotak surat

路標

tanda jalan

停車計時器

meteran parkir

動物園

kebun binatang

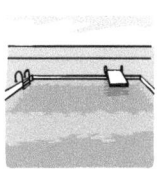

游泳池

kolam renang

清真寺

mesjid

農場

pertanian

污染

polusi

墓地

kuburan

教堂

gereja

操場

tempat bermain

寺廟

pura

地形

pemandangan

樹葉
daun

指示牌
penunjuk arah

路
jalanan

草地
padang rumput

徒步旅行者
pejalak kaki

石頭
batu

樹
pohon

河
sungai

草
rumput

花
bunga

峽谷

lembah

丘陵

bukit

湖

danau

森林

hutan

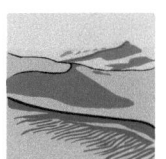

沙漠

padang gurun

火山

gunung berapi

城堡

istana

彩虹

pelangi

蘑菇

jamur

棕櫚樹

pohon palcm

蚊子

nyamuk

蒼蠅

lalat

螞蟻

semut

蜜蜂

lebah

蜘蛛

laba-laba

甲蟲
kumbang

青蛙
kodok

松鼠
tupai

刺蝟
landak

野兔
kelinci

貓頭鷹
burung hantu

鳥
burung

天鵝
angsa

野豬
babi jantan

鹿
rusa

麋鹿
rusa

水壩
bendungan

風力發電機
turbin angin

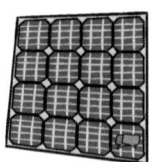

太陽能電池板
panel surya

氣候
iklim

餐館
restauran

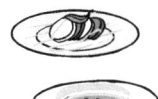

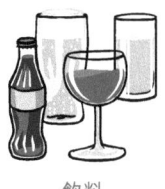

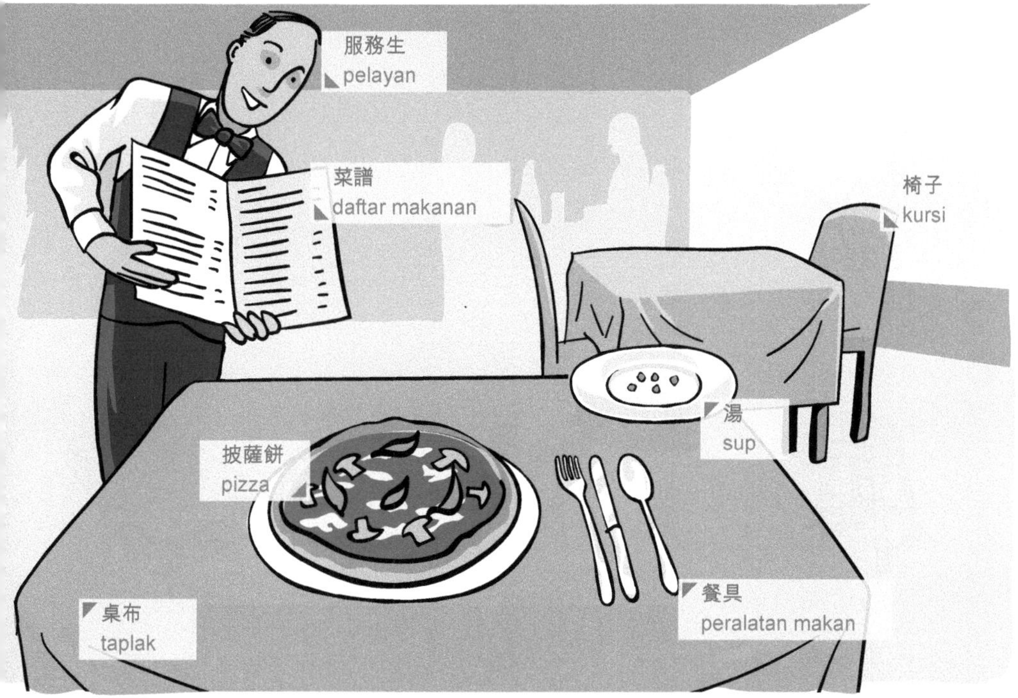
服務生
pelayan
菜譜
daftar makanan
椅子
kursi
湯
sup
披薩餅
pizza
餐具
peralatan makan
桌布
taplak

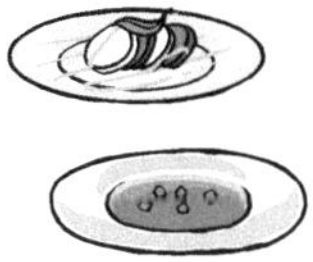

前菜

hindangan pembuka

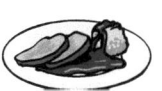

主菜

hidangan utama

甜點

hidangan penutup

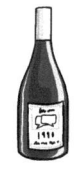

飲料

minuman

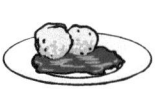

食物

makanan

瓶子

botol

速食

fastfood

街邊小吃

masakan jalanan

茶壺

teko teh

糖盒

kaleng gula

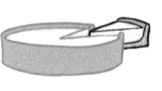

一份飯菜

porsi

義式咖啡機

mesin espresso

高腳椅

kursi tinggi

帳單

tagihan

托盤

baki

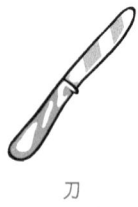

刀

pisau

餐叉

garpu

勺子

sendok

茶匙

sendok teh

餐巾

serbet

玻璃杯

gelas

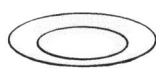

碟子

piring

湯盤

piring sup

碟子

lepek

醬

saus

鹽瓶

tempat garam

胡椒研磨罐

gilingan merica

醋

cuka

食用油

minyak

調味料

bumbu

番茄醬

saus tomat

芥末

mustar

美乃滋

mayones

超市

supermarket

特價
penawaran khusus
FOR
顧客
klien
乳製品
produk susu
水果
buah
購物車
troli

BUTCHERS

肉鋪

pembantai

BAKERY

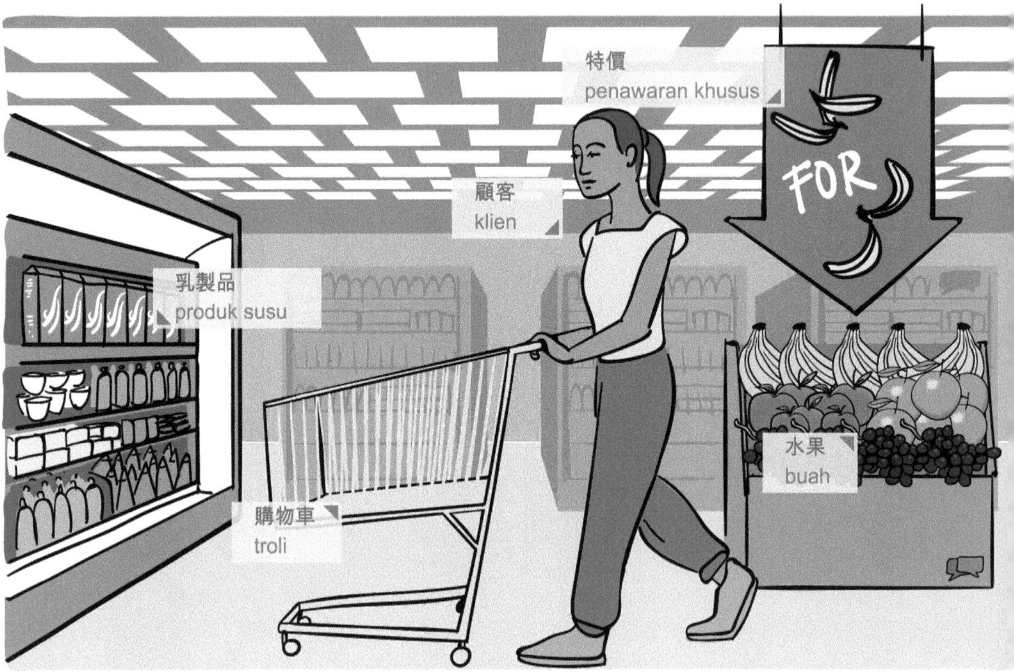

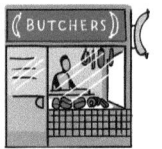

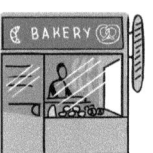

麵包店

toko roti

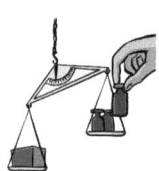

稱重

menimbang

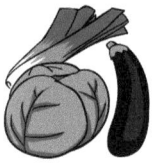

蔬菜

sayur

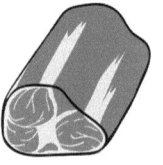

肉

daging

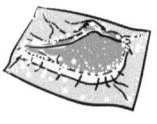

冷凍食品

makanan beku

冷盤
pemotongan dingin

罐頭食品
makanan kaleng

洗衣粉
sabun serbuk

甜食
permen

日用品
alat-alat rumah tangga

清潔用品
obat pembersihan

銷售員
penjual

收銀機
kasa

收銀員
kasir

購物清單
daftar belanja

開放時間
jam buka

錢包
dompet

信用卡
kartu kredit

袋子
tas

塑膠袋
kantong plastik

水
air

果汁
jus

牛奶
susu

可樂
cola

紅酒
anggur

啤酒
bir

酒
alkohol

可可
coklat

茶
teh

咖啡
kopi

義式濃縮咖啡
espresso

卡布奇諾
cappucino

香蕉

pisang

蘋果

apel

柳丁

jeruk

西瓜

semangka

檸檬

jeruk lemon

胡蘿蔔

wortel

大蒜

bawang putih

竹子

bambu

洋蔥

bawang bombai

蘑菇

jamur

堅果

kacang

麵條

mi

義大利麵

spagetti

米飯

nasi

沙拉

salat

薯條

kentang goreng

炸馬鈴薯

kentang goreng

披薩餅

pizza

漢堡

hamburger

三明治

sandwich

炸豬排

sayatan

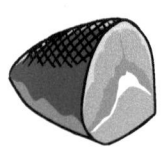

火腿

ham

義大利臘腸

salami

香腸

sosis

雞肉

ayam

烤肉

menggoreng

魚

ikan

燕麥片

bubur gandum

木斯里

sereal

玉米片

cornflakes

麵粉

tepung

牛角麵包

croissant

麵包捲

roti

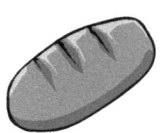

麵包

roti

吐司

toast

餅乾

biskuit

奶油

mentega

凝乳

dadih

蛋糕

kue

蛋

telur

煎蛋

telur goreng

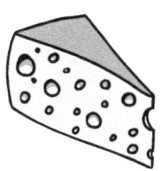

起司

keju

冰淇淋

eskrim

糖

gula

蜂蜜

madu

果醬

selai

巧克力醬

krim nugat

咖哩

kare

農場

pertanian

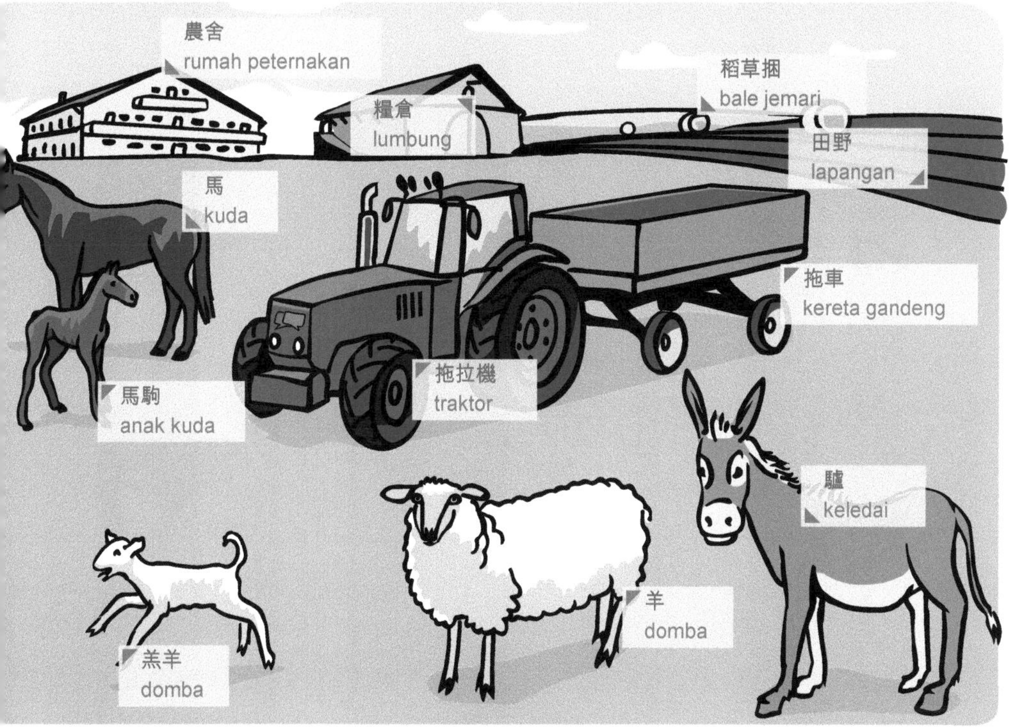
農舍
rumah peternakan
糧倉
lumbung
稻草捆
bale jemari
田野
lapangan
馬
kuda
拖車
kereta gandeng
拖拉機
traktor
馬駒
anak kuda
驢
keledai
羊
domba
羔羊
domba

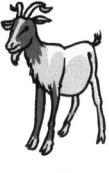

山羊

kambing

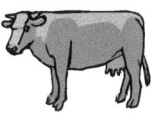

奶牛

sapi

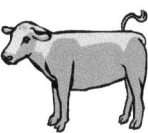

小牛

betis

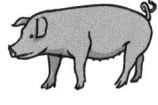

豬

babi

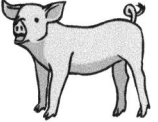

小豬

celeng

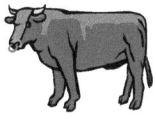

公牛

banteng

鵝

angsa

鴨

bebek

小雞

anak ayam

母雞

ayam

公雞

ayam jantan

鼠

tikus

貓

kucing

老鼠

tikus

牛

lembu

狗

anjing

狗屋

rumah anjing

花園澆水軟管

selang

澆水壺

penyiram

長柄大鐮刀

sabit

犁

bajak

鐮刀

sabit

鋤頭

cangkul

長柄草耙

garpu rumput

斧頭

kapak

獨輪手推車

gerobak

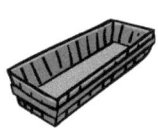

飼料槽

palung

牛奶罐

kaleng susu

麻布袋

karung

柵欄

pagar

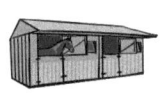

馬廏

kandang

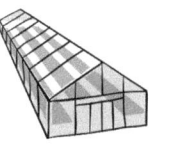

溫室

rumah kaca

土壤

tanah

種子

benih

肥料

pupuk

聯合收割機

mesin pemanen

收割

panen

收割

panen

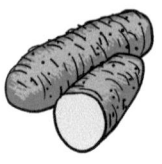

地瓜

yams

小麥

gandum

大豆

kedelai

土豆

kentang

玉米

jagung

油菜籽

lobak

果樹

pohon buah

樹薯

singkong

穀物

sereal

rumah

煙囪
cerobong

屋頂
atap

落水管
pipa talang

窗戶
jendela

車庫
garasi

門鈴
bel pintu

門
pintu

垃圾桶
sampah

信箱
kotak surat

花園
kebun

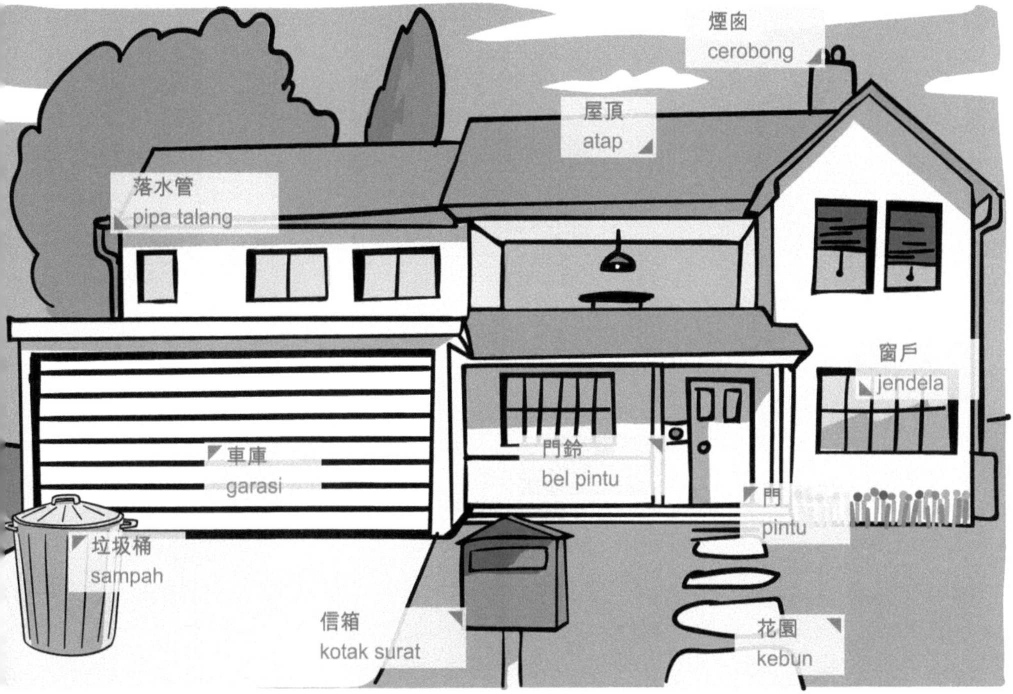

客廳

ruang tamu

浴室

kamar mandi

廚房

dapur

臥室

kamar tidur

兒童房

kamar anak

餐廳

kamar makan

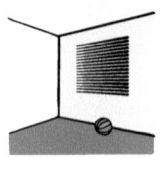

地板
lantai

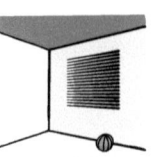

牆壁
tembok

天花板
atap

地窖
gudang di bawah tanah

三溫暖
sauna

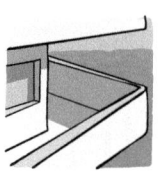

陽臺
balkon

露臺
teras

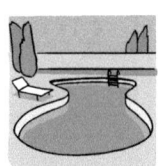

游泳池
kolam renang

割草機
mesin pemotong rumput

被單
sprei

床罩
selimut

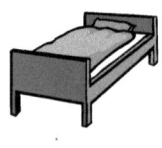

床
tempat tidur

掃帚
sapu

水桶
ember

開關
tombol

客廳

ruang tamu

壁紙
kertas dinding
相片
gambar
檯燈
lampu
擱架
rak
櫥櫃
kabinet
電視
televisi
壁爐
perapian
花
bunga
墊子
bantal
沙發
sofa
花瓶
vas
遙控器
remote control

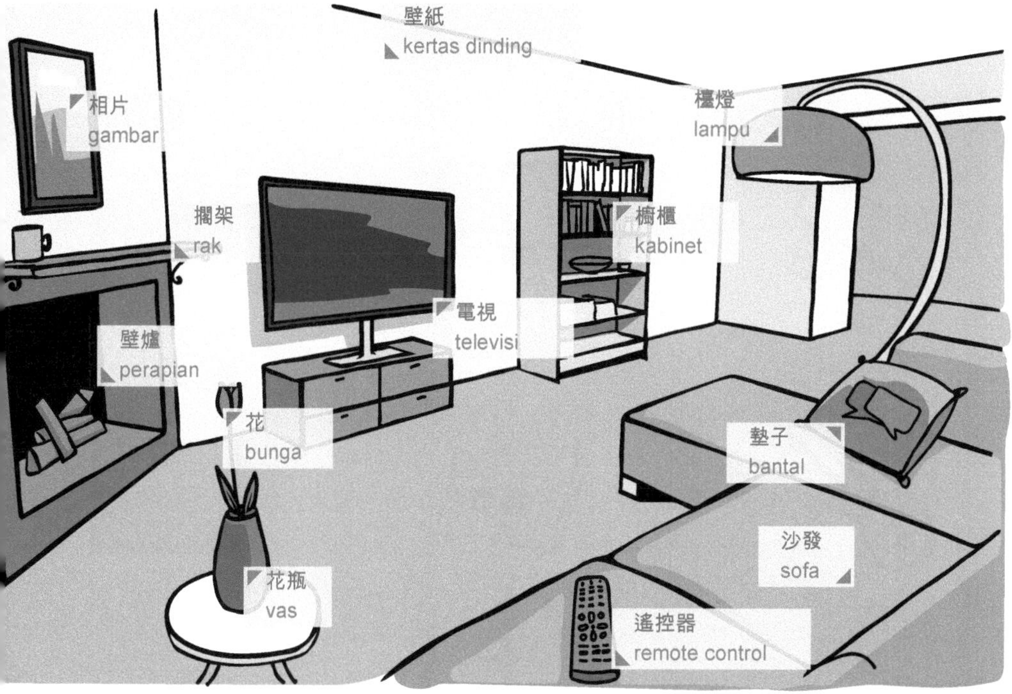

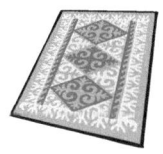

地毯

karpet

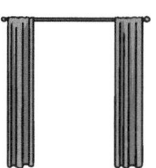

窗簾

korden

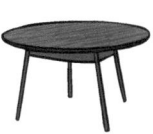

餐桌

meja

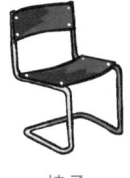

椅子

kursi

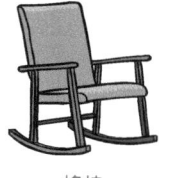

搖椅

kursi goyang

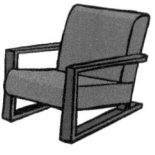

扶手椅

kursi malas

書
buku

毯子
selimut

裝飾品
dekorasi

木柴
kayu bakar

電影
filem

高傳真音響
hi-fi

鑰匙
kunci

報紙
koran

油畫
lukisan

海報
poster

收音機
radio

筆記本
buku tulis

吸塵器
penyedot debu

仙人掌
kaktus

蠟燭
lilin

廚房

dapur

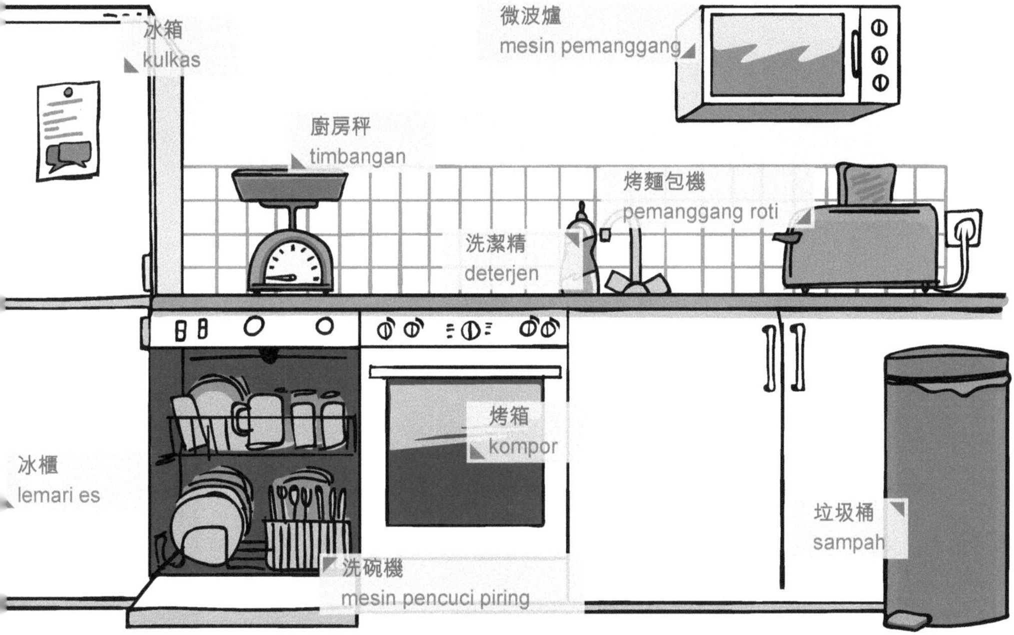

冰箱
kulkas
微波爐
mesin pemanggang
廚房秤
timbangan
烤麵包機
pemanggang roti
洗潔精
deterjen
烤箱
kompor
冰櫃
lemari es
垃圾桶
sampah
洗碗機
mesin pencuci piring

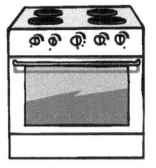

炊具
kompor

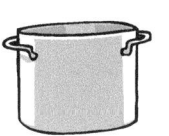

鍋
panci

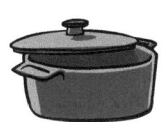

鑄鐵鍋
panci besi

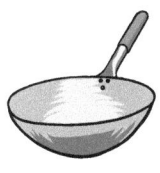

炒鍋
wajan

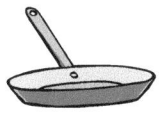

平底鍋
panci

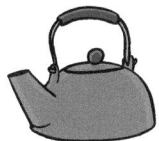

水壺
pemanas air

蒸鍋

panci pengukus makanan

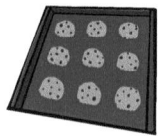

烤盤

nampan

陶瓷鍋

piring

馬克杯

cangkir

碗

mangkok

筷子

sumpit

長柄勺

sendok sup

鏟子

sudip

攪拌器

mengocok

濾網

saringan

篩子

saringan

磨碎機

parutan

研缽

mortir

燒烤

barbeque

明火

api terbuka

菜板
papan memotong

擀麵杖
gilingan

開瓶器
alat pembuka botol

罐子
kaleng

開罐器
pembuka kaleng

隔熱手套
pegangan panci

水槽
wastefel

刷子
sikat

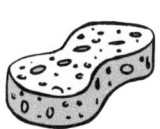

海綿
busa

攪拌機
mesin pencampur

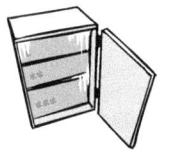

冷藏箱
lemari es

奶瓶
botol bayi

水龍頭
keran

浴室

kamar mandi

供暖裝置
mesin pemanas
毛巾
handuk
淋浴
mandi
浴簾
tirai kamar mandi
泡沫浴
mandi busa
浴缸
bak mandi
玻璃杯
gelas
洗衣機
mesin cuci
水龍頭
keran
瓷磚
ubin
便壺
pispot
水槽
wastafel

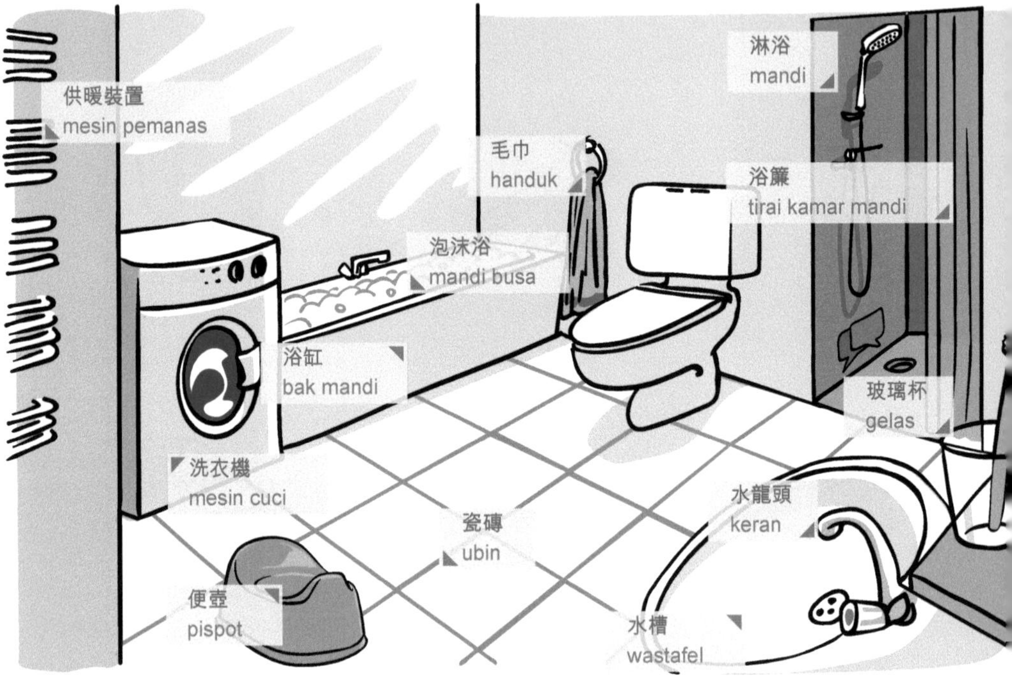

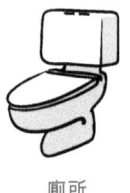

廁所

toilet

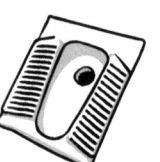

蹲便器

toilet jongkok

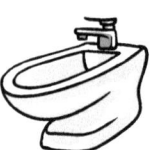

坐浴器

bidet

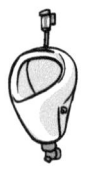

小便斗

pissoir

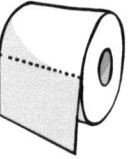

廁紙

kertas toilet

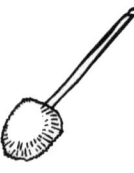

馬桶刷

sikat toilet

牙刷

sikat gigi

牙膏

pasta gigi

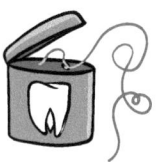

牙線

benang gigi

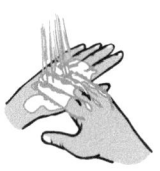

洗

menyuci

手持式蓮蓬頭

pancuran tangan

沖洗器

pancuran

洗臉盆

bak

洗背刷

sikat punggung

肥皂

sabun

沐浴露

gel mandi

洗髮乳

sampo

法蘭絨

planel

排水

kuras

乳霜

krim

除臭劑

deodoran

鏡子

kaca

手鏡

cermin tangan

刮鬍刀

pisau cukur

刮鬍泡沫

busa cukur

鬍後水

aftershave

梳子

sisir

刷子

sikat

吹風機

alat pengering rambut

噴髮定型劑

semprot rambut

化妝品

makeup

唇膏

lipstik

指甲油

cat kuku

化妝棉

kapas

指甲剪

gunting kuku

香水

minyak wangi

洗漱包

kantong pencuci

凳子

bangku

計重秤

timbangan

浴袍

mantel mandi

橡膠手套

sarung tangan karet

衛生棉條

tampon

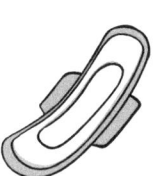

衛生棉

handuk pembalut

化學廁所

toilet kimia

兒童房

kamar anak

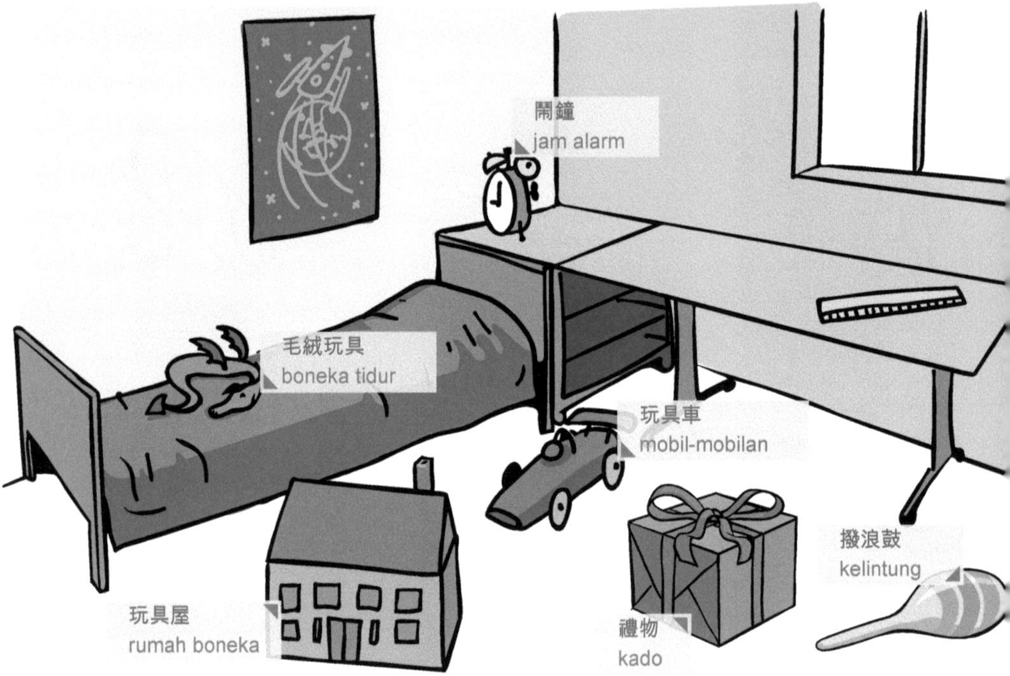

鬧鐘
jam alarm
毛絨玩具
boneka tidur
玩具車
mobil-mobilan
撥浪鼓
kelintung
玩具屋
rumah boneka
禮物
kado

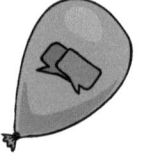

氣球

balon

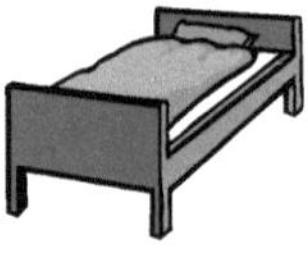

床

tempat tidur

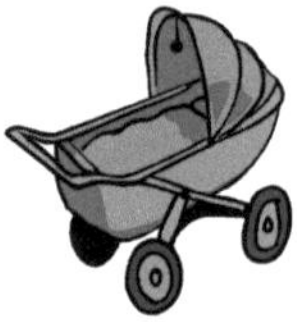

嬰兒車

kereta bayi

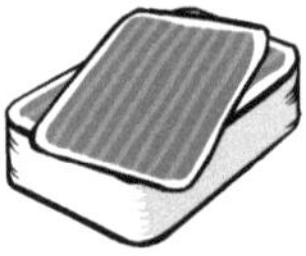

撲克牌

mainan kartu

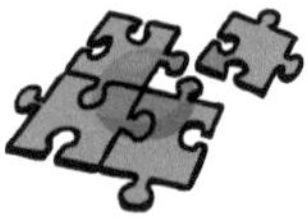

拼圖

teka-teki

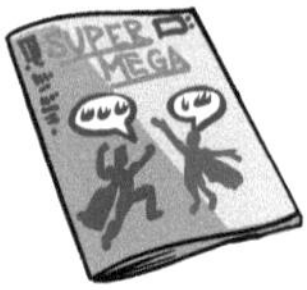

SUPER
MEGA

漫畫

komik

樂高積木
mainan lego

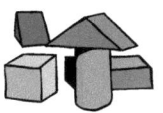

積木玩具
blok mainan

公仔
figur aksi

嬰兒服
baju monyet

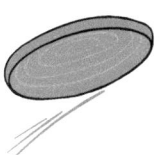

飛盤
frisbee

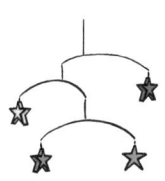

床鈴玩具
mobile

棋盤遊戲
permainan papan

骰子
dadu

火車模型
set model kreta api

安撫奶嘴
dot

派對
pesta

繪本
buku gambar

球
bola

洋娃娃
boneka

玩
bermain

沙坑

tempat main pasir

鞦韆

ayunan

玩具

mainan

電玩遊戲

video game konsol

三輪車

sepeda roda tiga

泰迪熊

teddy

衣櫃

lemari pakaian

衣服
pakaian

襪子

kaos kaki

長襪

kaos kaki

緊身褲

baju ketat

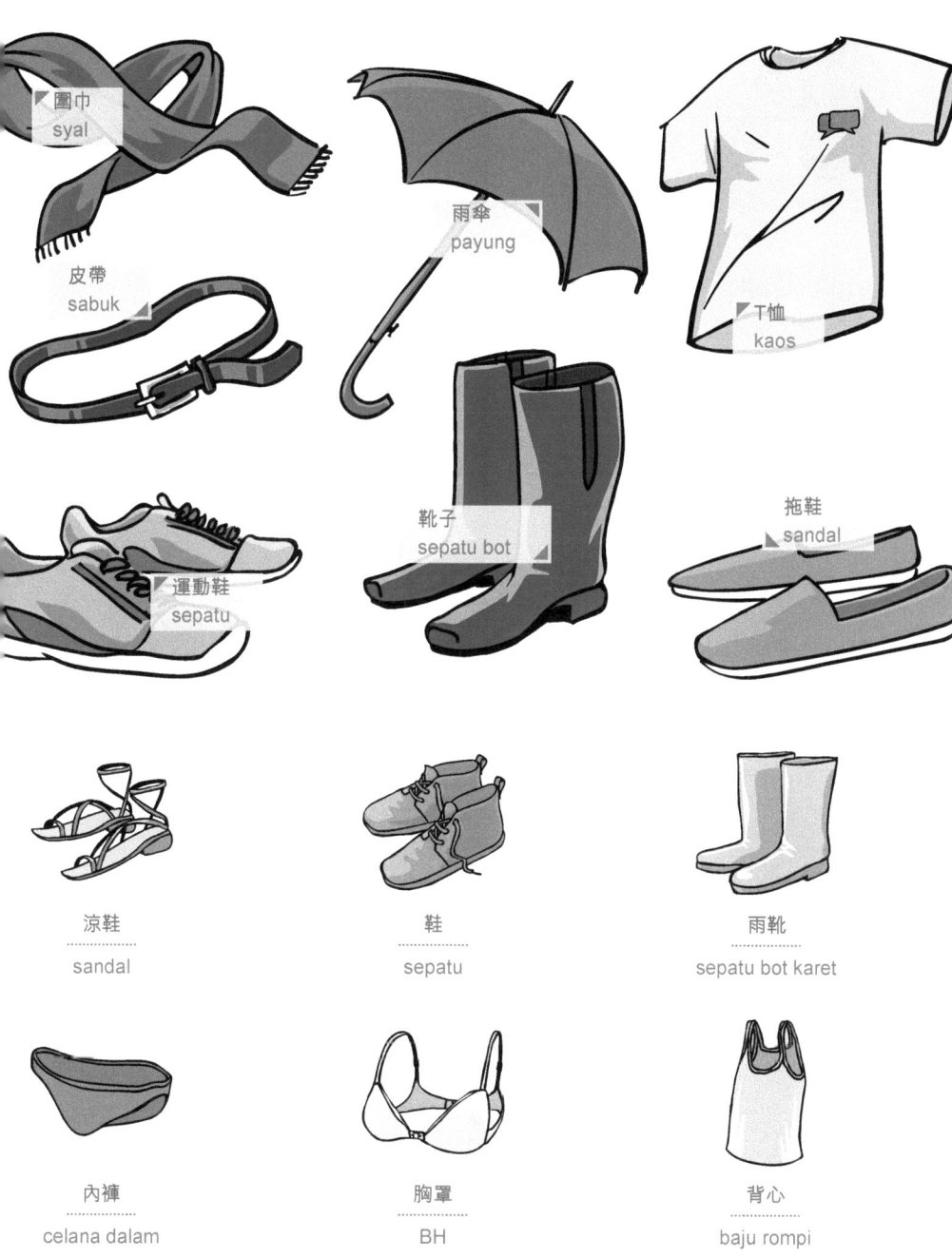

圍巾
syal

雨傘
payung

T恤
kaos

皮帶
sabuk

靴子
sepatu bot

拖鞋
sandal

運動鞋
sepatu

涼鞋
sandal

鞋
sepatu

雨靴
sepatu bot karet

內褲
celana dalam

胸罩
BH

背心
baju rompi

身體

body

褲子

celana

牛仔褲

jeans

短裙

rok

女式襯衫

blus

襯衫

kemeja

套頭衫

aket berkerudung

連帽上衣

sweater

西裝夾克

jaket

夾克

jaket

外套

mantel

雨衣

jas hujan

套裝

kostum

連衣裙

gaun

婚紗

gaun pengantin

西裝

setelan resmi

睡袍

gaun tidur

睡衣

piyama

莎麗

sari

頭巾

jilbab

包頭巾

turban

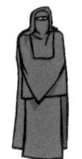

波卡

burka

卡夫坦

kaftan

(阿拉伯式)長袍

abaya

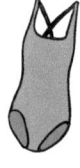

泳衣

pakaian renang

男式泳褲

celana renang

短褲

celana pendek

運動服

olah raga

圍裙

celemek

手套

sarung tangan

鈕扣

kancing

眼鏡

kacamata

手鏈

gelang

項鍊

kalung

戒指

cincin

耳環

anting

便帽

topi

衣架

gantungan mantel

帽子

topi

領帶

dasi

拉鍊

ritsleting

安全帽

helm

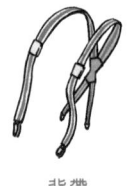

背帶

tali selempang

校服

seragam sekolah

制服

seragam

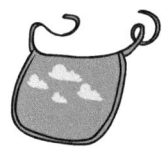

圍兜

oto

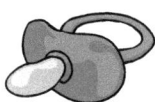

安撫奶嘴

dot

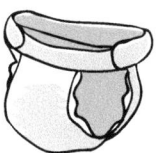

尿布

popok

辦公室
kantor

伺服器
server
檔案櫃
lemari arsip
印表機
pencetak
紙
kertas
螢幕
layar
滑鼠
mouse komputer
辦公桌
meja kerja
資料夾
tempat pengarsipan
鍵盤
papan tombol
廢紙簍
tempat sampah
電腦
computer
椅子
kursi

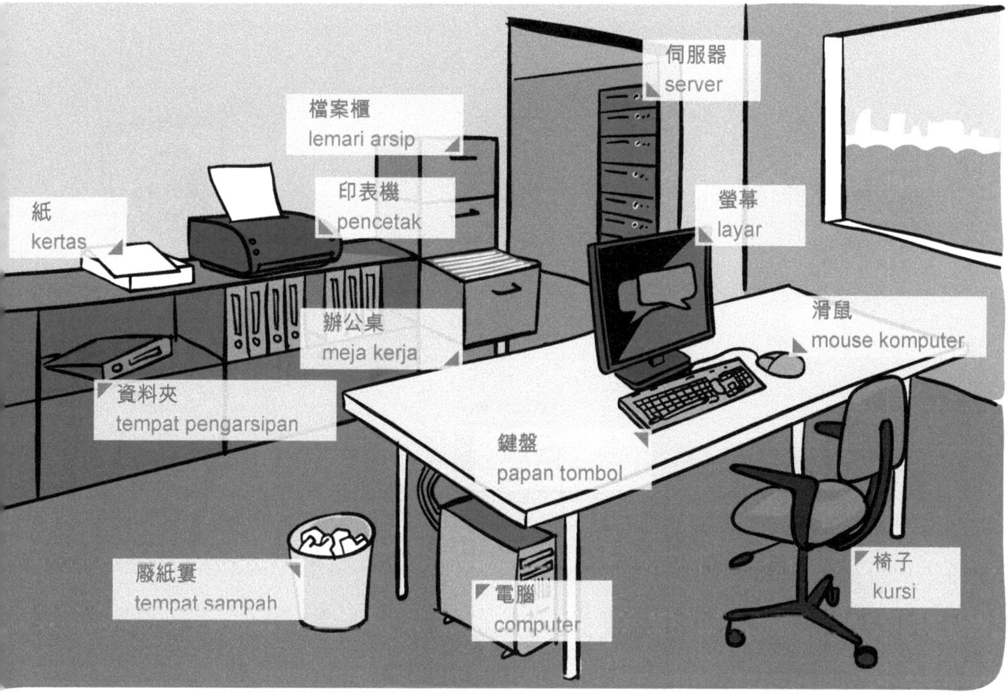

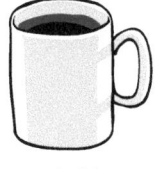

咖啡杯

cangkir kopi

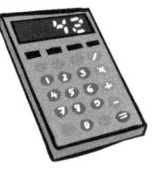

計算機

kalkulator

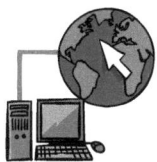

網際網路

internet

筆記型電腦
laptop

信件
surat

簡訊
pesan

行動電話
telepon seluler

網路
jaringan

影印機
fotokopi

軟體
software

電話
telepon

插座
plug soket

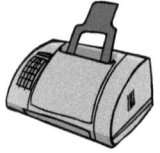

傳真機
mesin fax

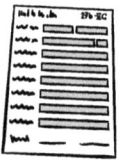

表格
formulir

檔案
dokumen

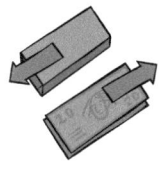

買

membeli

付錢

membayar

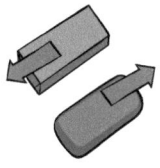

交易

berdagang

現金

uang

美元

Dollar

歐元

Euro

日元

Yen

盧布

Rubel

瑞士法郎

Franc Swiss

人民幣

Renminbi Yuan

盧比

Rupiah

提款處

ATM

外幣兌換處

kantor pertukaran mata uang

金

emas

銀

perak

石油

minyak

能源

energi

價格

harga

合約

kontrak

稅金

pajak

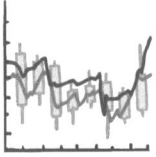

股票

saham

工作

bekerja

職員

karyawan

老闆

majikan

工廠

pabrik

商店

toko

職業
pekerjaan

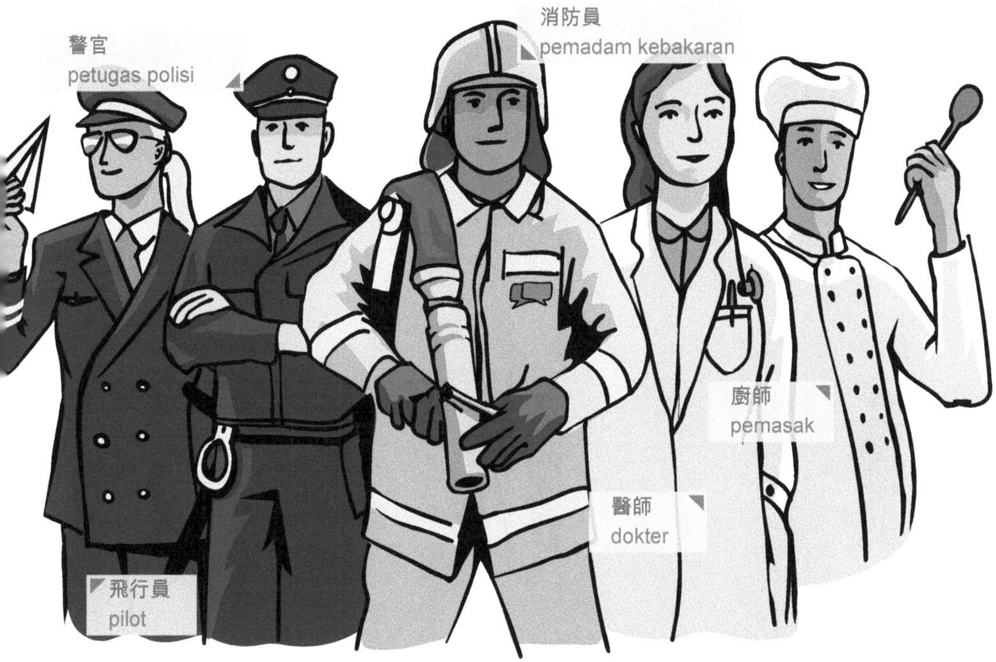

警官
petugas polisi
消防員
pemadam kebakaran
廚師
pemasak
醫師
dokter
飛行員
pilot

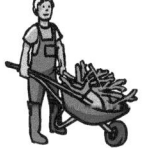

園丁

tukan kebun

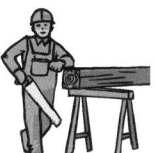

木匠

tukang kayu

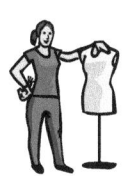

裁縫

penjahit wanita

法官

hakim

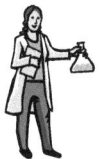

化學家

ahli kimia

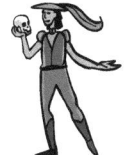

演員

aktor

公車司機

sopir bis

計程車司機

sopir taksi

漁夫

nelayan

清洗女工

pembantu

屋頂工

tukang atap

服務生

pelayan

獵人

pemburu

畫家

pelukis

麵包師

tukang roti

電工

tukang listrik

建築工人

pembangun

工程師

insinyur

屠夫

tukang daging

水管工

tukang ledeng

郵差

tukang pos

士兵
tentara

建築師
arsitek

收銀員
kasir

花農
penjual bunga

理髮師
penata rambut

售票員
konduktor

機械技師
montir

船長
kapten

牙醫
dokter gigi

科學家
ilmuwan

拉比
rabbi

伊瑪目
imam

和尚
biarawan

牧師
pendeta

工具
alat

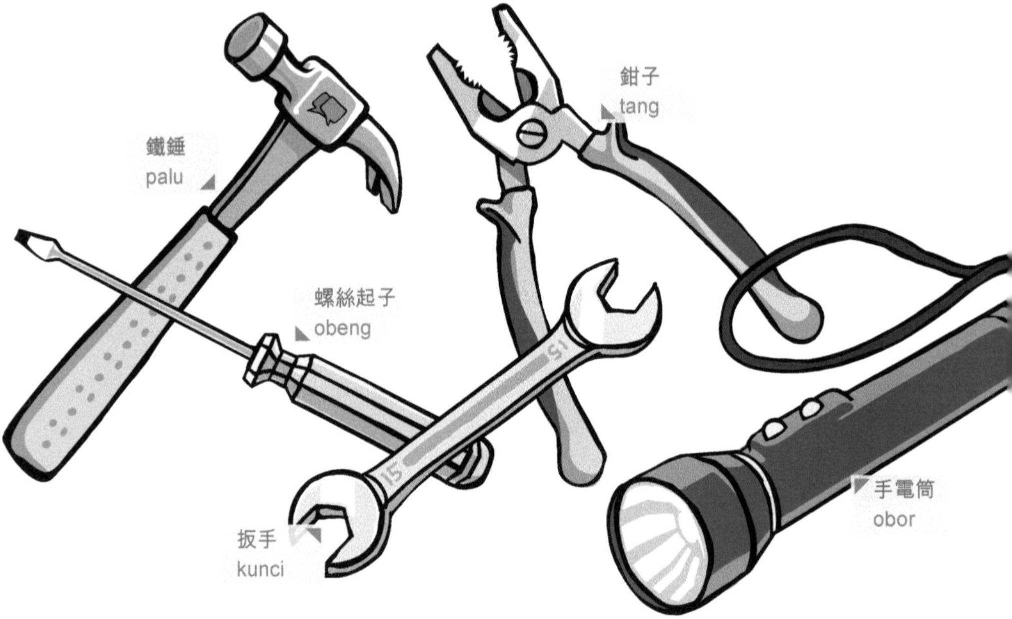

鐵鎚
palu
鉗子
tang
螺絲起子
obeng
扳手
kunci
手電筒
obor

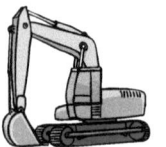

挖掘機

penggali

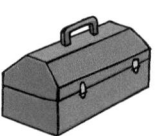

工具箱

tas perkakas

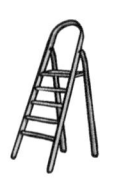

梯子

tangga

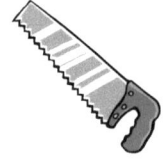

鋸子

gergaji

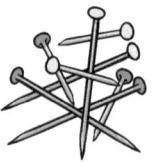

釘子

paku

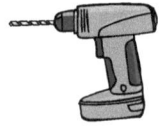

鑽機

bor

修
....
perbaikan

鏟子
....
sekop

糟糕！
....
Sialan!

畚箕
....
cikrak

油漆桶
....
pot cat

螺絲
....
sekrup

樂器
alat musik

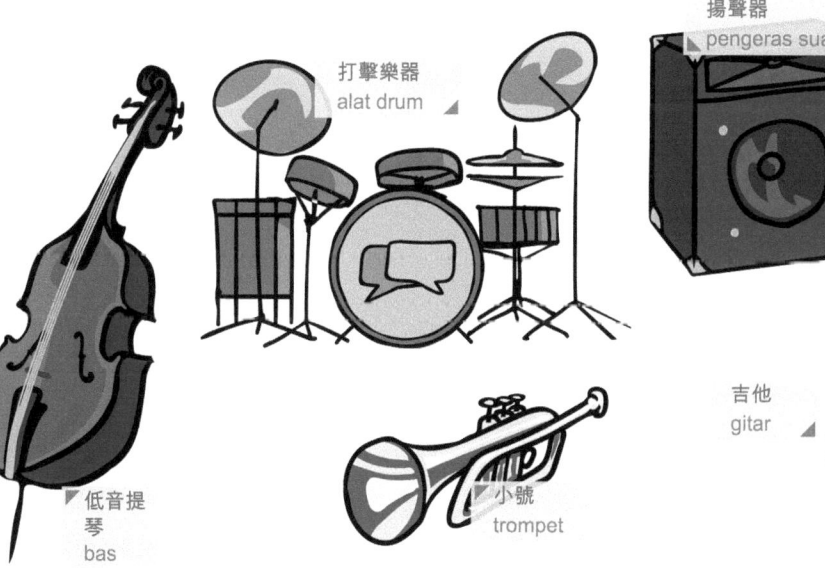

打擊樂器
alat drum

揚聲器
pengeras suara

吉他
gitar

低音提
琴
bas

小號
trompet

鋼琴

piano

小提琴

violin

貝斯

bass

定音鼓

tambur

鼓

drum

電子琴

keyboard

薩克斯風

saksofon

長笛

suling

麥克風

mikrofon

動物園
kebun binatang

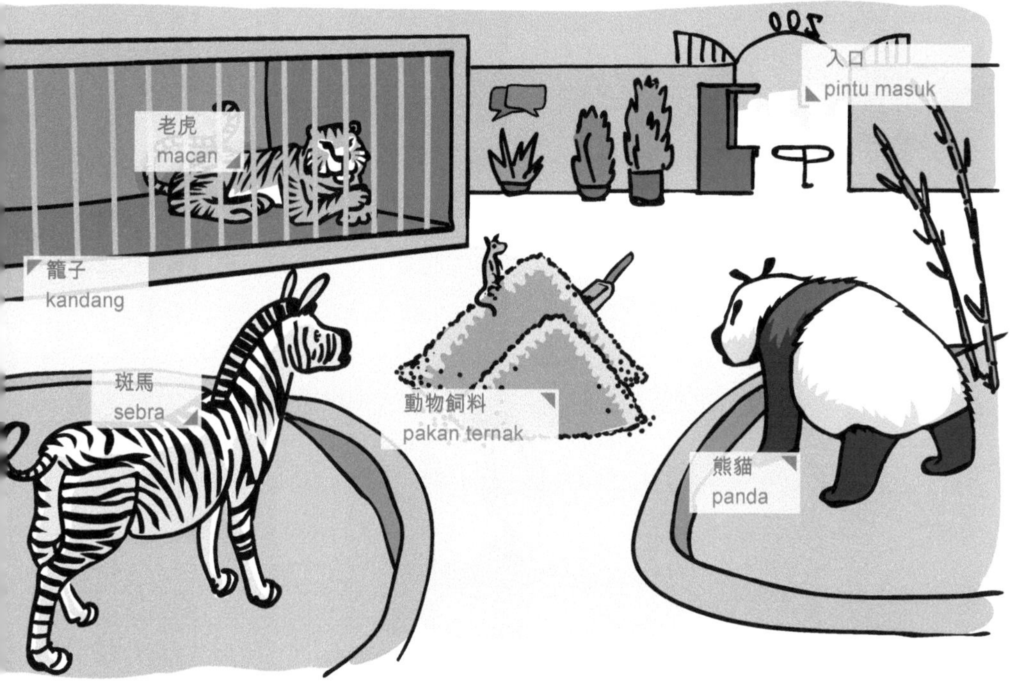

老虎
macan
入口
pintu masuk
籠子
kandang
斑馬
sebra
動物飼料
pakan ternak
熊貓
panda

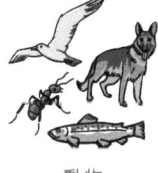

動物

hewan

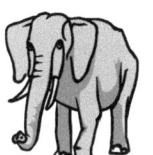

大象

gajah

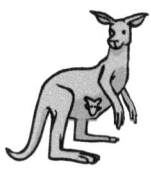

袋鼠

kanguru

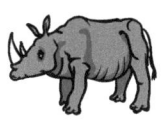

犀牛

badak

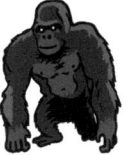

大猩猩

gorila

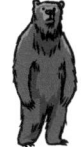

熊

beruang

駱駝
unta

鴕鳥
burung unta

獅子
singa

猴子
monyet

紅鶴
flamingo

鸚鵡
burung beo

北極熊
beruang polar

企鵝
penguin

鯊魚
hiu

孔雀
merak

蛇
ular

鱷魚
buaya

動物園管理員
penjaga kebun binatang

海豹
segel

美洲豹
jaguar

矮種馬

kuda poni

豹

macan tutul

河馬

kuda nil

長頸鹿

jerapah

老鷹

burung elang

野豬

babi jantan

魚

ikan

龜

kura-kura

海象

anjing laut

狐狸

rubah

羚羊

kijang

橄欖球
american football

騎腳踏車
naik sepeda

網球
tennis

籃球
basketbal

游泳
bernang

拳擊
tinju

冰球
hoki es

美式足球

sepak bola

羽毛球

badminton

田徑

atletik

手球

bola tangan

滑雪

main ski

馬球

polo

跳
meloncat

擁抱
memeluk

笑
ketawa

走路
berjalan

唱
menyanyi

做夢
mengimpi

祈禱
berdoa

親吻
mencium

書寫
menulis

畫
melukis

展示
menunjuk

推
mendorong

給
memberikan

拿
mengambil

有
mempunyai

做
melakukan

當
adalah

站
berdiri

跑
berlari

拉
menarik

丟
melempar

摔倒
jatuh

躺
tidur

等待
menunggu

攜帶
membawa

坐
duduk

穿衣
berpakaian

睡覺
tidur

醒來
bangun

看
melihat

哭
menangis

擊
mengelus

梳頭
menyisir

交談
berbicara

明白
mengerti

問
menanyak

聽
mendengar

喝
minum

吃
makan

清理
merapikan

愛
cinta

做飯
memasak

開車
menyetir

飛
terbang

航行
berlayar

計算
menghitung

讀
membaca

學習
belajar

工作
bekerja

結婚
menikah

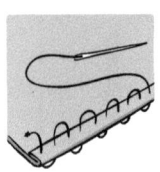

縫
menjahit

刷牙
sikat gigi

殺
membunuh

抽菸
merokok

寄
kirim

家

keluarga

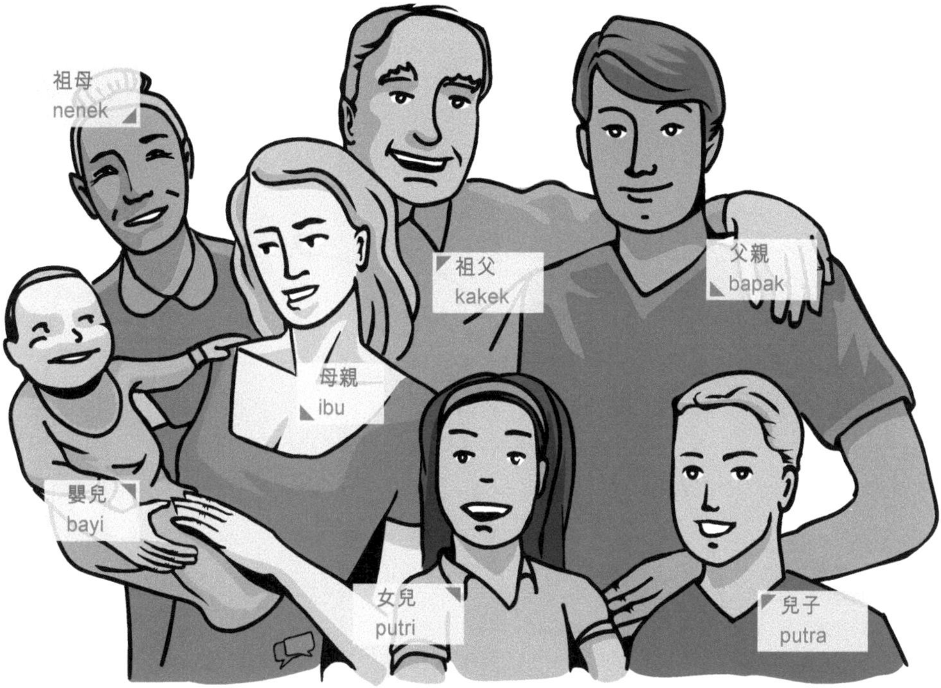

祖母
nenek
祖父
kakek
父親
bapak
母親
ibu
嬰兒
bayi
女兒
putri
兒子
putra

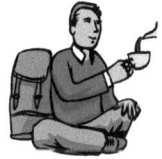

客人

tamu

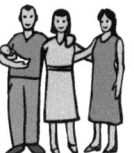

阿姨

bibi

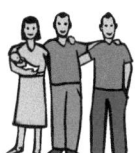

叔叔

paman

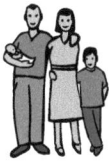

兄弟

kakak laki

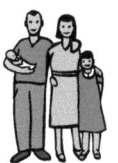

姐妹

kakak perempuan

身體

badan

前額
dahi
眼睛
mata
肩膀
bahu
手指
jari
臉
muka
下巴
dagu
手
tangan
腿
kaki
乳房
payudara
手臂
lengan

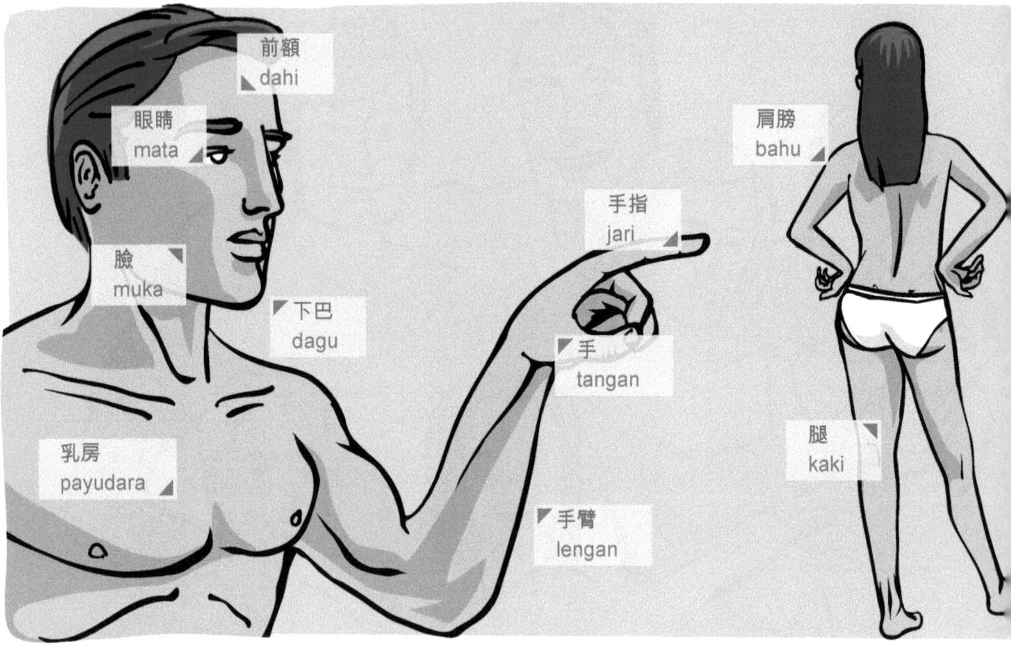

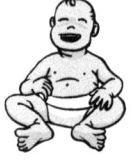

嬰兒

bayi

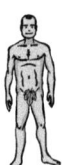

男人

pria

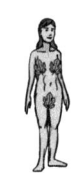

女人

wanita

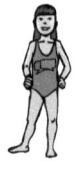

女孩

perempuan

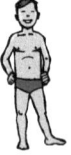

男孩

laki

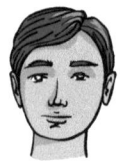

頭

kepala

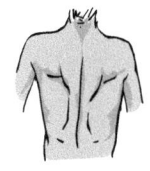

背部

punggung

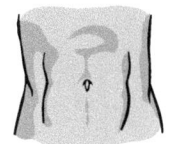

肚子

perut

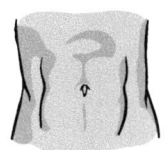

肚臍

pusar

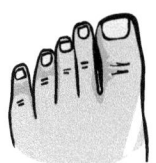

腳趾

toe

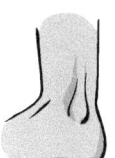

腳後跟

tumit

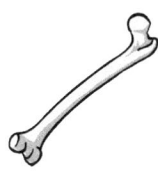

骨頭

tulang

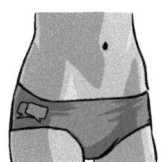

臀部

pinggang

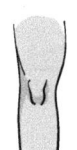

膝蓋

lutut

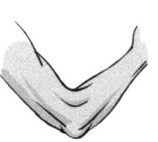

手肘

siku

鼻子

hidung

屁股

pantat

皮膚

kulit

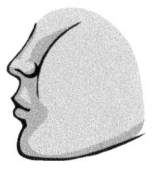

臉頰

pipi

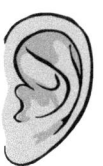

耳朵

telinga

嘴唇

bibir

身體 - badan

嘴
mulut

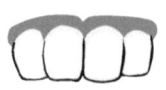

牙齒
gigi

舌頭
lidah

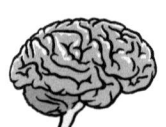

腦
otak

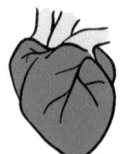

心臟
jantung

肌肉
otot

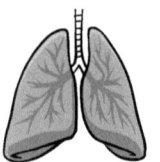

肺
paru-paru

肝臟
hati

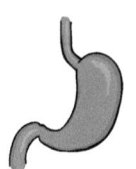

胃
stomach

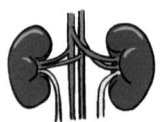

腎臟
ginjal

性交
hubungan seks

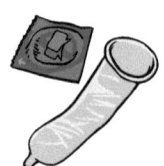

保險套
kondom

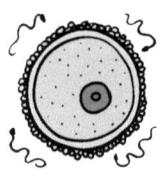

卵子
sel telur

精子
sperma

懷孕
kehamilan

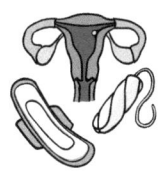

月事
menstruasi

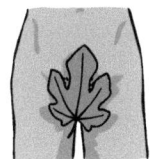

陰道
vagina

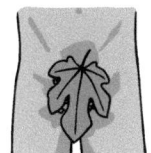

陰莖
penis

眉毛
alis

頭髮
rambut

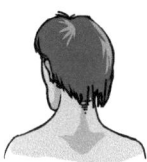

脖子
leher

醫院

rumah sakit

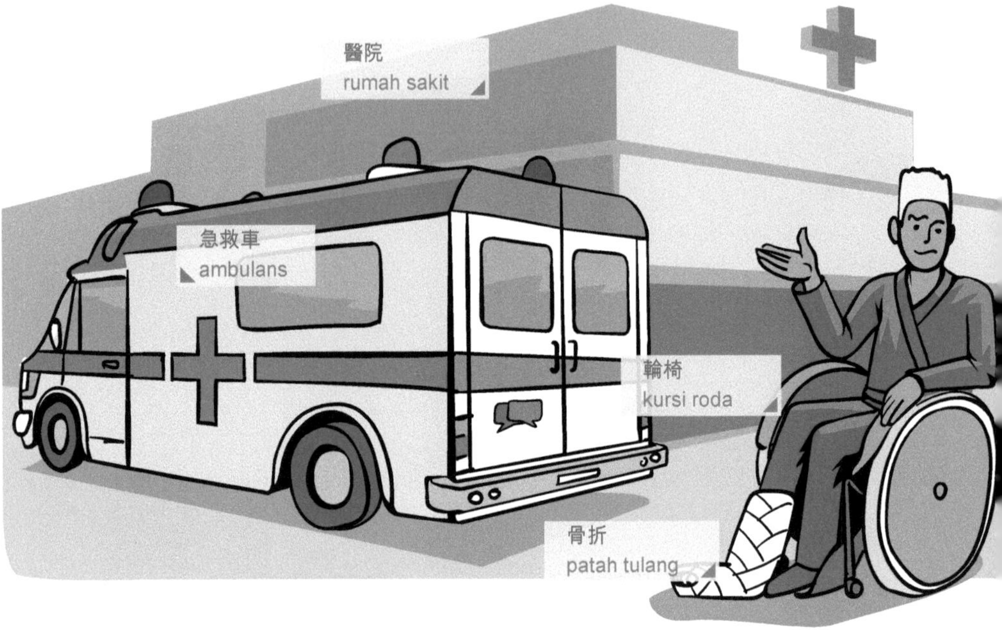

醫院
rumah sakit
急救車
ambulans
輪椅
kursi roda
骨折
patah tulang

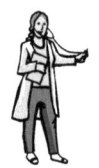

醫師

dokter

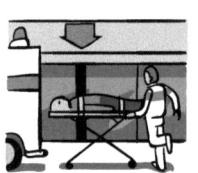

急診室

ruang darurat

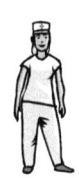

護理師

perawat

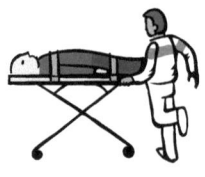

緊急情形

darurat

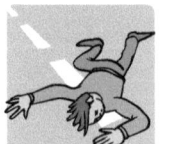

昏迷

semaput

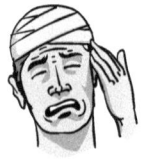

痛

sakit

受傷

cedera

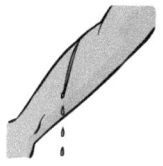

出血

perdarahan

心臟病發作

serangan jantung

中風

stroke

過敏

alergi

咳嗽

batuk

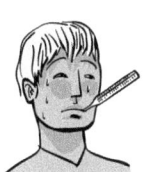

發燒

demam

流感

flu

腹瀉

diare

頭痛

sakit kepala

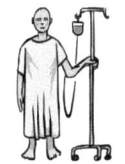

癌症

kanker

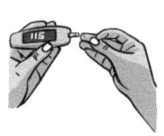

糖尿病

diabetes

外科醫師

ahli bedah

手術刀

pisau bedah

手術

operasi

電腦斷層掃描
CT

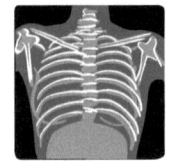

X光
sinar x

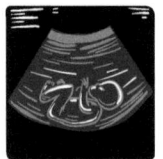

超音波
usg

口罩
topeng

疾病
penyakit

候診室
ruang tunggu

拐杖
penyokong

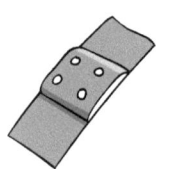

石膏
plester

繃帶
perban

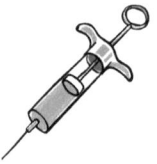

注射
injeksi

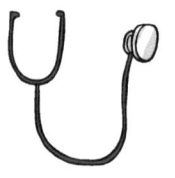

聽診器
stetoskop

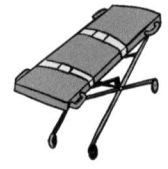

擔架
usungan

體溫計
termometer klinis

出生
kelahiran

超重
kelebihan berat badan

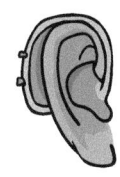

助聽器

alat pendengar

消毒液

desinfektan

感染

infeksi

病毒

virus

愛滋病

HIV / AIDS

藥物

obat

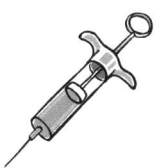

接種疫苗

vaksinasi

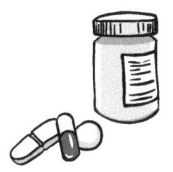

藥片

tablet

藥丸

pil

急救電話

panggilan darurat

血壓計

ukur tekanan darah

生病/健康

sakit / sehat

救命！
Tolong!

警報
alarm

突擊
penyerbuan

攻擊
serangan

危險
bahaya

緊急出口
pintu darurat

失火了！
Api!

滅火器
alat pemadam kebakaran

意外
kecelakaan

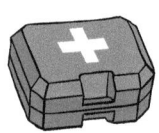

急救箱
kit pertolongan pertama

呼救訊號
SOS

員警
polisi

歐洲

Eropa

北美洲

Amerika Utara

南美洲

Amerika Selatan

非洲

Afrika

亞洲

Asia

澳洲

Australi

大西洋

Atlantik

太平洋

Pasifik

印度洋

Samudra India

南冰洋

Samudra Antartika

北冰洋

Samudra Arktik

北極

kutub utara

南極
kutub selatan

南極洲
Antarktika

地球
bumi

陸地
tanah

海
laut

島
pulau

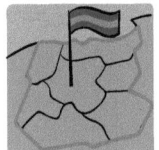

國家
bangsa

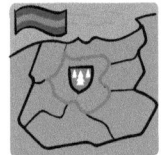

州
negara

錶盤

jam wajah

時針

jarum pendek

分針

jarum menit

秒針

jarum detik

現在幾點？

Jam berapa?

天

hari

時間

waktu

現在

sekarang

電子錶

jam digital

分

menit

時

jam

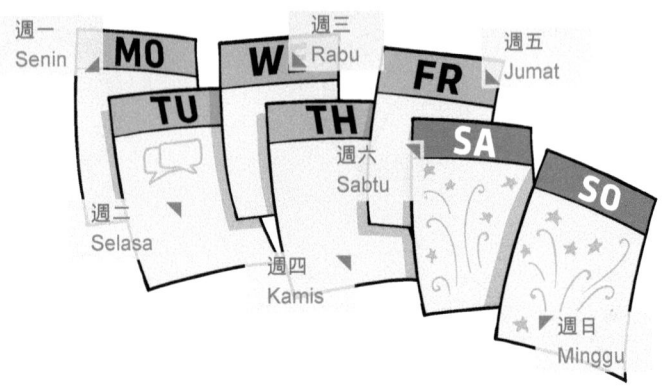

週一 Senin
週二 Selasa
週三 Rabu
週四 Kamis
週五 Jumat
週六 Sabtu
週日 Minggu

昨天
kemaren

今天
hari ini

明天
besok

早晨
pagi

中午
siang

晚上
malam

MO	TU	WE	TH	FR	SA	SU
1	2	3	4	5	6	7
8	9	10	11	12	13	14
15	16	17	18	19	20	21
22	23	24	25	26	27	28
29	30	31	1	2	3	4

工作日
hari kerja

MO	TU	WE	TH	FR	SA	SU
1	2	3	4	5	6	7
8	9	10	11	12	13	14
15	16	17	18	19	20	21
22	23	24	25	26	27	28
29	30	31	1	2	3	4

週末
akhir minggu

雨
hujan

彩虹
pelangi

風
angin

雪
salju

春
musim semi

夏
musim panas

秋
musim gugur

冬
musim dingin

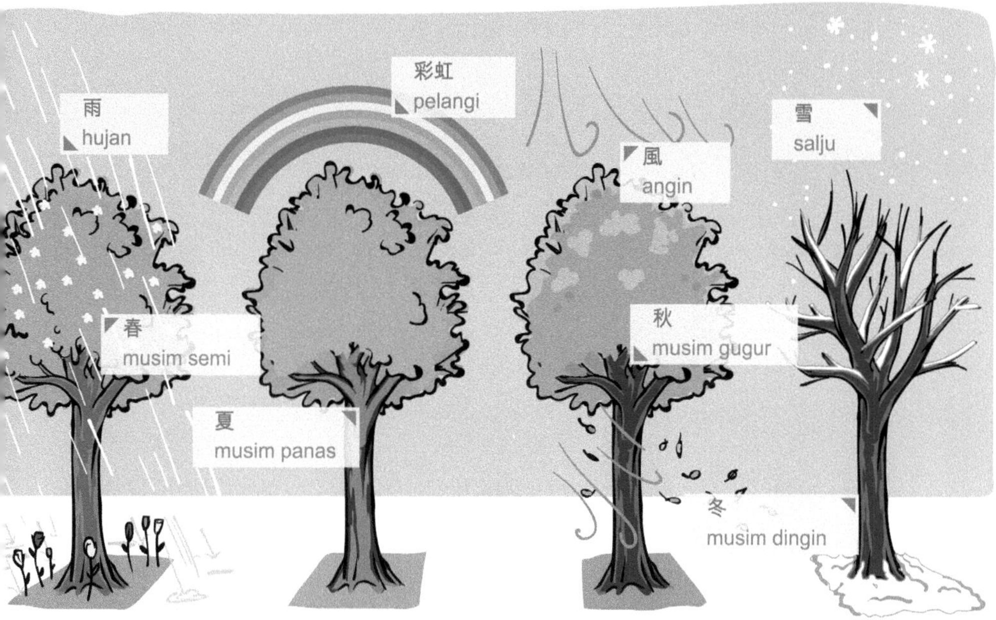

天氣預告
ramalan cuaca

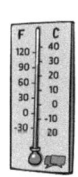

溫度計
termometer

陽光
matahari

雲
awan

霧
kabut

潮濕
kelembahan

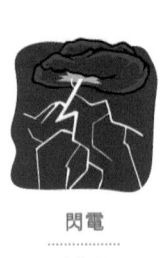

閃電

kilat

打雷

guntur

風暴

badai

冰雹

hujan es

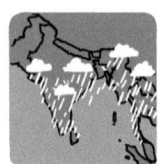

季風

monsun

洪水

banjir

冰

es

一月

Januari

二月

Februari

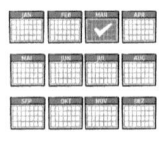

三月

Maret

四月

April

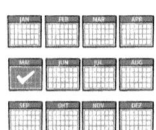

五月

Mei

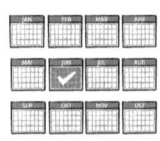

六月

Juni

七月

Juli

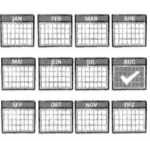

八月

Agustus

年 - tahun

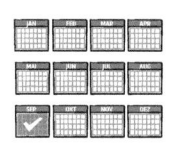

九月

September

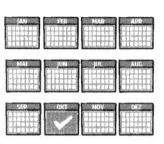

十月

Oktober

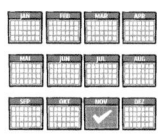

十一月

November

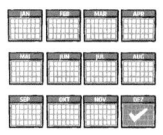

十二月

Desember

圓形

lingkaran

正方形

persegi

長方形

persegi panjang

三角形

segi tiga

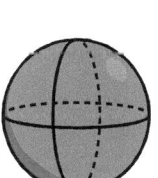

球體

bola

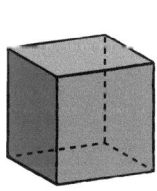

立方體

kubus

顏色

warna-warna

白

putih

黃

kuning

橙

oranye

粉

pink

紅

merah

紫

ungu

藍

biru

綠

hijau

棕

coklat

灰

abu-abu

黑

hitam

很多/少許

banyak / sedikit

生氣/平靜

marah / tenang

美/醜

cantik / jelek

首/尾

mulaih / selesai

大/小

besar / kecil

明/暗

terang / gelap

兄弟/姐妹

udara laki-laki / saudara perempuan

乾淨/骯髒

bersih / kotor

完整/缺失

lengkap / tidak lengkap

白天/晚上

hari / malam

死/生

mati / hidup

寬/窄

luas / sempit

可食用/非食用

dapat dimakan / tidak dapat dimakan

邪惡/善良

jahat / baik

興奮/無聊

bersemangat / bosan

胖/瘦

gemuk / kurus

第一/最後

pertama / terakhir

朋友/敵人

teman / musuh

滿/空

penuh / kosong

硬/軟

keras / lembut

重/輕

berat / enteng

餓/渴

lapar / haus

生病/健康

sakit / sehat

非法/合法

ilegal / legal

聰明/愚笨

cerdas / bodoh

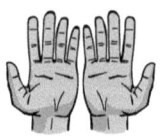

左/右

kiri / kanan

近/遠

dekat / jauh

新/舊

baru / bekas

沒有/有些

tidak ada apapun / sesuatu

老/幼

tua / muda

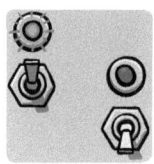

開/關

nyala / mati

打開/闔上

buka / tutup

安靜/吵鬧

tenang / keras

富/窮

kaya / miskin

對/錯

benar / salah

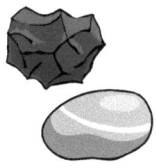

粗糙/光滑

kasar / halus

傷心/高興

sedih / gembira

短/長

pendek / panjang

慢/快

pelan-pelan / cepat

濕/乾

basah / kering

溫暖/涼爽

hangat / sejuk

戰爭/和平

perang / damai

反義詞 - berlawanan

0

零
nol

1

一
satu

2

二
dua

3

三
tiga

4

四
empat

5

五
lima

6

六
enam

7

七
tujuh

8

八
delapan

9

九
sembilan

10

十
sepuluh

11

十一
sebelas

12 十二 duabelas

13 十三 tigabelas

14 十四 empatbelas

15 十五 limabelas

16 十六 enambelas

17 十七 tujuhbelas

18 十八 delapanbelas

19 十九 sembilanbelas

20 二十 duapuluh

100 百 seratus

1.000 千 scribu

1.000.000 百萬 juta

bahasa-bahasa

英語
Inggris

美式英語
bahasa Inggris Amerika

普通話
bahasa Cina Mandarin

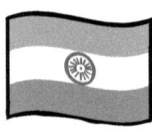

印地語
bahasa Hindi

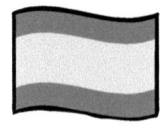

西班牙語
bahasa Spanyol

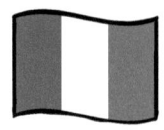

法語
bahasa Perancis

阿拉伯語
bahasa Arab

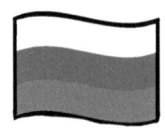

俄語
bahasa Rusia

葡萄牙語
bahasa Portugis

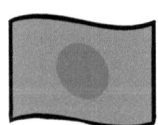

孟加拉語
bahasa Bengal

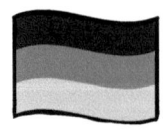

德語
bahasa Jerman

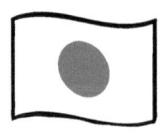

日語
bahasa Jepang

我
saya

你
kamu

他/她/它
dia

我們
kita

你們
kalian

他們
mereka

誰？
siapa?

什麼？
apa?

如何？
begaimana?

何處？
dimana?

何時？
kapan?

名字
nama

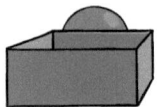

後面

dibelakang

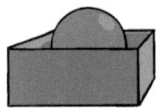

裡面

di

前面

didepan

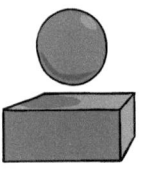

上方

diatas

上面

diatas

下麵

dibawah

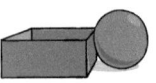

旁邊

sebelah

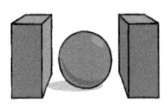

中間

di antara

地點

tempat